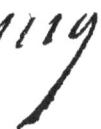

NOTICE

DE

LITHOGRAPHIES, ESTAMPES,

VIGNETTES ET CULS-DE-LAMPE,

EN NOMBRE,

ET DE PLUSIEURS CUIVRES GRAVÉS;

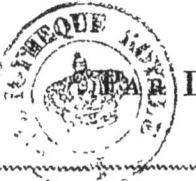 PAR DUCHESNE AÎNÉ.

La Vente aura lieu les Mercredi 10 et Jeudi 11 Février 1830, heure de midi,

RUE DE FURSTEMBERG, N.° 8, FAUBOURG SAINT-GERMAIN, PRÈS LA RUE DU COLOMBIER.

SE DISTRIBUE A PARIS,

CHEZ
{ M. LÉTOFFÉ, Commissaire-Priseur. rue Montmartre, n.° 95;
M. VALANT, Marchand d'Estampes, rue Castiglione, n.° 6.

1830.

AVIS.

Les Amateurs de Vignettes verront dans cette Collection des Compositions exécutées, la plupart, d'après les Tableaux des plus grands Maîtres; ceux qui se livrent au commerce des objets de piété y trouveront des sujets saints très-variés, dont plusieurs ne se rencontrent pas fréquemment. Enfin les personnes qui s'occupent de transporter sur bois ou sur carton, pourront y puiser des sujets destinés à orner les boîtes, les écrans, et généralement tous les articles du cartonnage moderne; les n.ᵒˢ 71 à 134 leur offriront surtout quelques-unes de ces productions dues au crayon des Artistes modernes les plus recommandables.

Les sujets décrits sous ces numéros, et dont on a donné les dimensions exactes, offrent des Paysages, des Édifices anciens et modernes, des Ruines, des Intérieurs. Parmi les objets gravés, on trouvera des Peintures, Statues, Vases et Camées antiques, extraits d'Herculanum et du Musée de Florence. Le n.ᵒ 155 présente des allégories gracieuses et des emblêmes d'amour, extraits des Contes et des Fables de Dorat.

Nous signalerons aussi à l'attention des Marchands d'Estampes les Planches gravées décrites sous le n.° 156, imitations faites avec esprit de onze sujets des plus rares de l'Œuvre de Rembrandt.

La dénomination de *camaïeu, à deux pierres*, que nous avons employée fréquemment dans quelques-uns des sujets décrits sous les n.ᵒˢ 1 à 67, désigne les Épreuves de Lithographie dans lesquelles on a cherché à imiter la couleur du papier de Chine, avec des clairs rehaussés de blanc, en imprimant en deux fois le fond et le dessin de quelques-uns de ces sujets.

ORDRE DES VACATIONS.

I.ᵉʳᵉ VACATION, *le Mercredi* 10 *Février.*

VIGNETTES ET CULS-DE-LAMPE, n.ᵒˢ 71 à 134; 148 à 157, partie; 70.

II.ᵉ VACATION, *le Jeudi* 11.

LITHOGRAPHIES, n.ᵒˢ 1 à 69.

VIGNETTES ET OUVRAGES DIVERS, n.ᵒˢ 135 à 147; 157, partie restante.

ABRÉVIATIONS.

Épr.	Épreuve.	L. Largeur.
Ex.	Exemplaire.	p. pouce.
H.	Hauteur.	l. ligne.

NOTICE.

LITHOGRAPHIES grand in-4.º,
tirées sur papier Jésus vélin.

M. ATOCH.

1 Saint François de Salés.
  285 Épr.

M. AUBEL (D'après Rubens).

2 Saint Hégésippe.
  307 Épr.

——————— (D'après Fra-Bartolomeo).

3 Sainte Julie, vierge et martyre en Corse.
  325 Épr., dont 206 en camaïeu, à deux pierres.

M. Ch. AUBRY (D'après le Bernin).

4 Chaire de Saint-Pierre, à Rome.
  167 Épr.

——————— (D'après Ann. Carrache).

5 Saint Vincent tenant en main la palme du martyre.
  628 Épr., dont 100 petit papier.

M. BERGERET.

6 Martyre de saint Polyeucte.
  359 Épr.

7 Saint Sulpice rappelant à la vie un noyé.
  Composition de 10 fig.
  583 Épr. en camaïeu.

2

M. BOSIO fils.

8 Martyre de saint Faustin et de saint Jovite.
   Composition de 12 fig.
   284 Épr., dont 50 en camaïeu.

——————— (D'après LE GUERCHIN).

9 Saint Andéole, appuyé près d'un tronc d'arbre, et
   tenant en main la palme du martyre.
   312 Épr., dont 75 en camaïeu.

——————— (D'après ANDRÉ SACCHI).

10 Saint Romuald prêchant ses condisciples.
    Composition de 12 fig.
    585 Épr., dont 241 en camaïeu.

M. BOUILLON (D'après LE DOMINIQUIN).

11 Sainte Agathe refusant de sacrifier aux Idoles.
    Composition de 6 fig.
    508 Épr.

——————— (D'après LE POUSSIN).

12 Baptême de Jésus-Christ.
    598 Épr., dont 129 en camaïeu, 282 en noir. Petit
    papier, 164 en camaïeu, et 25 en noir.

——————— (D'après VALENTIN).

13 Saint Blaise implorant la bonté divine pour rappeler à
    la santé un enfant malade.
    Composition de 5 fig.
    320 Épr.

——————— (D'après COYPEL).

14 Saint Charles Borromée implorant l'intercession de la
    Sainte-Vierge, pour obtenir la guérison des pestiférés
    de Milan.
    Composition de 7 fig.
    393 Épr.

M. BOUILLON (D'après Lucas Giordano).

15 Sainte Scholastique rendant les derniers soupirs, entourée des religieuses de son ordre.

338 Épr.

——————— (D'après Louis Carrache).

16 Martyre de saint Sébastien.

673 Épr., dont 56 petit papier.

M.lle BOUTEILLER (D'après Simon Vouet).

17 Saint Antoine recevant de deux anges les inspirations nécessaires pour résister aux séductions des vices.
Composition de 5 fig.
223 Épr.

——————————— (D'après le Guide).

18 Martyre de sainte Apollonie.
300 Épr.

——————————— (D'après Le Brun).

19 Saint Taraise, patriarche de Constantinople, prêchant.
Composition de 6 fig.
447 Épr., dont 86 en camaïeu.

M. CHAPUY et M. D'HARDIVILLER.

20 Procession de saint Guillaume, à Bourges.
525 Épr., dont 301 en noir, 201 en camaïeu; 20 petit papier en noir, et 3 en camaïeu.

M. CHAPUY et M. HEIM.

21 Saint Oswald, dans l'intérieur d'une église gothique, lavant les pieds d'un vieillard.
Composition de 6 fig.
329 Épr.

22 Saint Lucien dans sa prison, donnant la communion à ses compagnons d'esclavage.
487 Épr., dont 108 petit pap.

2*

M. CHAPUY et M. HEIM.

23 Saint Macaire d'Alexandrie et saint Macaire d'Egypte,
dans une cellule souterraine.

364 Épr.

M. CHAPUY.

24 Saint Jean de Matha ramenant de Tunis, sur un vais-
seau démâté et sans gouvernail, les esclaves qu'il
a rachetés des Musulmans.

296 Épr.

25 Sainte Perpétue dans sa prison, priant pour son jeune
enfant.

318 Épr., dont 43 en camaïeu.

26 Saint Pierre Damien, priant dans la caverne qui lui
sert d'oratoire.

30 Épr.

M. CHRÉTIEN (D'après Subleyras).

27 Saint Basile, archevêque, officiant devant l'empereur
Valens.

Composition de 16 fig.

465 Épr., dont 307 en camaïeu; 106 *id.* pet. pap.,
et 52 en noir.

——————— (D'après La Hyre).

Saint Macaire d'Alexandrie.

108 Épr. petit pap., dont quelques-unes en couleur
et d'autres sur papier de Chine.

——————— (D'après Raphael).

29 La Chaste Susane.

76 Épr. pet. papier.

30 Sainte Euphrasie.

23 Épr.

Même tête que celle de la chaste Susanne : M. Bosio
fils a entouré celle-ci d'un arabesque.

M. D'HARDIVILLER.

31 Sainte Flavie Domitille recevant la couronne du martyre.

Composition de 6 fig.

309 Épr.

—————————— (D'après L'ALBANE).

32 Saint Laurent Justinien écrivant ses ouvrages théologiques.

Composition de 4 fig.

587 Épr., dont 182 pet. pap.

—————————— (D'après LE DOMINIQUIN).

33 Sainte Agnès recevant la couronne et la palme du martyre.

660 Épr., dont 57 en camaïeu. Petit papier, 22 Épr. en camaïeu, et 92 en noir.

—————————— (D'après GAROFOLO).

34 La Circoncision.

627 Épr., dont 105 en camaïeu, et 337 en noir, petit papier.

—————————— (D'après MORALÈS).

35 Saint Théodose le Cénobiarque recevant les présens de l'empereur Anastase.

Composition de 10 fig.

199 Epr.

—————————— (D'après LE SUEUR).

36 Saint Hugues recevant saint Bruno et ses compagnons.

Composition de 9 fig.

89 Epr.

M. DUBOIS (D'après Phil. DE CHAMPAGNE).

37 Saint Alexandre écrivant son traité *de unitate Ecclesiæ.*

326 Epr.

M. DUBOIS (D'après LE CAPUCIN).

38 Saint Félix de Cantalice.

> 321 Epr., dont 16 pet. pap.

——————— (D'après D. FETI).

39 Saint Gabriel, archange, dirigeant un jeune homme dans le chemin de la vertu.

> Composition de 3 fig.
> 424 Epr.

M. FRAGONARD.

40 Sainte Geneviève faisant recouvrer la vue à sa mère.

> 30 Epr. en camaïeu.

41 Saint Pierre de Sébaste distribuant des vivres pendant la famine de la Capadoce.

> Composition de 13 fig.
> 407 Epr., dont 201 pet. pap.

42 Saint Raymond de Pennafort mourant, donnant sa bénédiction à plusieurs pénitens.

> Composition de 5 fig.
> 683 Epr., dont 165 pet. pap.

M. GOUNOD.

43 Saint Bernardin enlevé au ciel par des anges.

> Composition de 7 fig.
> 317 Epr.

M. HEIM.

44 Saint Arcade amené devant ses juges.

> Composition de 9 fig.
> 480 Epr., dont 93 pet. pap.

45 Saint Ignace d'Antioche livré aux bêtes, en présence du peuple de Rome.

> 40 Epr.

46 Saint Siméon Stylite sur sa colonne.

> 630 Epr., dont 15 en camaïeu et 382 pet. pap.

M. HEIM.

47 Martyre de sainte Julitte et de saint Cyr, son fils.

800 Exempl., dont 163 en camaïeu, et 100 sur pap. de Chine. Pet. pap., 192 en noir, et 217 en camaïeu.

—————— (D'après Carle MARATTI).

48 Jésus-Christ apparaissant à sainte Marguerite de Cortone.

396 Epr.

M. PERNOT.

49 Saint Séverin au pied de la croix, dans un paysage montueux (l'ancien Agaunum, dans le Valais).

315 Epr.

M. JACOB (D'après RAPHAEL).

50 Saint Jean-Baptiste.

611 Exempl., dont 108 pet. pap.

M. LAURENT.

51 Sainte Bathilde, reine de France, instruisant les enfans.

Composition de 20 fig.

295 Epr., dont 231 en camaïeu.

M. MAUZAISSE (D'après M. LAGRENÉE).

52 Saint Germain remettant à sainte Geneviève une médaille à l'image du Christ.

Composition de 5 fig.

437 Epr., dont 13 en camaïeu, et 169, pet. pap., en noir.

—————— (D'après FRA-BARTOLOMEO).

53 Présentation de Jésus-Christ au temple.

800 Epr., dont 300 sur pet. pap.

M. MAUZAISSE (D'après La Hyre).

54 Conversion de saint Paul.

Composition de 10 fig.

74 Epr

———————— (D'après Raphael).

55 Daniel.

70 Epr. pet. pap.

56 Saint Thimothée.

Même sujet que le précédent, mais encadré dans une vignette de M. Bosio fils.

427 Epr., dont 243 en camaïeu.

——————— (D'après Raphael Mengs).

57 Saint Tite.

458 Epr., dont 19 en camaïeu, et 79 en noir, pet. pap.

————— (D'après Rubens).

58 L'Adoration des Mages.

877 Epr., dont, gr. pap., 351 en camaïeu ; pet. pap., 48 en camaïeu, et 371 en noir.

M. MOITTE.

59 Saint Jean Climaque à genoux dans un oratoire souterrain.

309 Epr.

—————— (D'après Pierre).

60 Saint Pierre d'Alcantara à genoux au pied de la croix, dans un paysage montueux.

580 Epr., dont 24 pet. pap.

————— (D'après Carlo Dolci).

61 Martyre de saint Siméon, évêque.

Composition de 11 fig.

36 Epr.

M. MOITTE (D'après Murillo).

62 Saint Paul et saint Antoine recevant le pain que leur apporte un corbeau. ⸺

851 Epr., dont 124 pet. pap.

⸺⸺⸺⸺ (D'après Rembrandt).

63 Saint Jean d'Egypte à genoux, et priant dans son hermitage souterrain.

403 Epr.

M. MONGIN.

64 Saint Benoît d'Aniane détruisant un temple d'idoles pour se construire un oratoire.

304 Epr., dont 44 en camaïeu.

Cette composition et les deux suivantes sont représentées dans des paysages pittoresques.

65 Saint Maur se précipitant dans un lac pour en retirer Placide, son frère, qui est en danger de se noyer.

518 Epr., dont 104 en pet. pap. Dans ce nombre, 90 sont en camaïeu.

66 Saint Romain et saint Benoît dans les montagnes de Sublac.

234 Epr.

M. ROEHN.

67 Saint Hilaire, à son retour de Milan, reçoit les félicitations des habitans de Poitiers.

Composition de 16 fig.
584 Epr., dont 162 en pet. pap.

M. SUDRÉ.

68 Saint Vincent de Paul.

346 Epr., dont 21 en camaïeu.

M. SUDRÉ (D'après Jordaens).

69 Saint Eucher, évêque d'Orléans.
   340 Ep.

———————

70 Collection de 69 Lithographies, par et d'après différens Maîtres, la plupart faisant partie des sujets précédemment décrits.
   10 Exemplaires, dont il sera formé plusieurs lots.

VIGNETTES ET CULS-DE-LAMPE
lithographiés, la plupart tirés sur papier vélin fin imitant le papier de Chine.

M. ARNOUT.

71 Façade de l'église de Sainte-Geneviève de Paris, au moment de la sortie d'une procession. *7 pouces carrés.*
   345 Epr., dont 175 pap. ord.

72 L'Hermitage. H. 4 p. ; L. 5 p.
   225 Epr. pap. ord.

73 Vue de la place et de l'église de Saint-Pierre à Rome. H. 3 p.; L. 4 p.
   425 Epr. pap. ord.

74 L'Hermitage de saint Antoine. H. 2 p. 6 l.; L. 5 p.
   450 Epr. pap. ord.

75 Vue de l'abbaye de Châlis. H. 2 p. 6 l.; L. 5 p.
   425 Epr. pap. ord.

76 Saint Paul hermite, dans sa grotte. H. 3 p. 6 l.; L. 5 p.
   200 Epr. pap. ord.

77 Saint Théodose en prière dans un hermitage souterrain. H. 3 p.; L. 4 p.
   425 Epr. pap. ord.

78 Deux sujets : Religieux prosterné, la face contre terre, dans une chapelle souterraine. — Femme en prière. H. 2 p. 4 l.; L. 2 p.
   700 Epr. de chaque sujet.

M. ARNOUT.

79 Deux sujets : Jésus prêchant ses Disciples. — Résur-
rection de Lazare. H. 2 p. 4 l.; L. 2 p.

700 Epr. de chaque sujet.

80 Deux sujets : La Sainte Famille en retour d'Egypte. —
Femme veuve allant en pélerinage. H. 2 p.; L. 2 p. 4 l.

700 Epr. de chaque sujet.

81 Deux sujets : Sainte Femme refusant de sacrifier aux
idoles. — Autre Femme, en prière dans une chapelle
souterraine. H. 2 p.; L. 2 p. 4 l.

700 Epr. de chaque sujet.

82 Sainte Émélie mourante donnant la bénédiction à ses
enfans. H. 2 p. 6 l.; L. 3 p.

425 Epr. pap. ord.

83 Chaire de Saint-Hilaire ; Fragment gothique. H. 2 p.;
L. 2 p. 3 l.

425 Ep.. pap. ord.

M. AUBEL (D'après Raphael).

84 Deux sujets : Têtes d'Anges. H. de chaque, 4 p. 6 l.;
L. 5 p.

270 Epr.

M. AUBRY-LECOMTE.

85 Jésus enfant, endormi sur une croix. H. 5 p.; L. 7 p. 6 l.

650 Epr.

M. BOSIO fils.

86 Façade de l'église de la Sainte-Croix d'Orléans.
H. 4 p.; L. 4 p.

675 Epr.

87 Trois sujets : Vue du Panthéon, à Rome. — Façade de

M. BOSIO fils.

Saint-Jean-de-Latran, à Rome. —Façade d'une Église gothique. Chaque sujet : H. 2 p.; L. 2 p. 6 l.

   100 Epr.

88 Façade de l'église de Saint-Sulpice de Paris. H. 4 p.; L. 4 p. 6 l.

   100 Epr.

89 Façade de l'église de Sainte-Marie-Majeure, à Rome. H. 3 p. 3 l.; L. 4 p. 6 l.

   725 Epr.

90 Vue de l'église de Sainte-Geneviève de Paris. H. 2 p. 4 l.; L. 3 p. 4 l.

   100 Epr.

91 Deux sujets : Façades de Chapelles gothiques. Chaque sujet : H. 1 p. 6 l.; L. 1 p. 6 l.

   100 Épr.

92 Façade de l'église della Valle, à Rome. H. 2 p.; L. 2 p. 6 l.

   725 Epr.

93 Vue du Séminaire de S.ᵗ-Sulpice. H. 2 p. 3 l.; L. 4 p. 6 l.

   275 Epr. pap. ord.

94 Deux sujets : Saint Charles Borromée en extase devant la sainte Vierge. — Vision de sainte Madeleine. Chaque sujet : H. 3 p. 6 l.; L. 3 p.

   700 Epr.

95 Deux sujets : Saint Jérôme en prière. — Sainte Mathilde en prière. Chaque sujet : H. 3 p. 9 l.; L. 3 p.

   400 Epr.

96 Trophées militaires et religieux. Quatre sujets, d'un pouce carré chacun.

   675 Epr.

97 Deux sujets : Vues intérieure et extérieure de Saint-Pierre de Rome. Chaque sujet : 2 p. 6 l. de diamètre.

   525 Epr.

M. BOSIO fils.

98 Vingt-deux sujets : Trophées, Armes, Attributs et Symboles religieux et militaires, de 2 à 3 pouces carrés chacun.

   525 Epr.

M. CHAPUY.

99 Saint Siméon Stylite, au milieu d'un paysage enrichi de monumens antiques. H. 6 p. 6 l.; L. 6 p.

230 Epr.

100 Deux sujets : Paysage entouré de montagnes, au milieu desquelles on remarque saint Basile. — La Prière au clair-de-lune près d'un lac, à droite duquel on distingue des fabriques. Chaque sujet : H. 3 p.; L. 4 p.

   975 Epr.

101 Deux sujets : Saint Siméon Stylite sur sa colonne. — Vue d'un Torrent entre deux montagnes. Chaque sujet : H. 3 p.; L. 4 p.

   975 Epr.

102 Vue d'une Chapelle souterraine. H. 2 p. 9 l.; L. 2 p.

   975 Epr.

103 Saint Paul dans la fosse aux lions. H. 3 p.; L. 3 p. 9 l.

   975 Epr.

104 Saint Siméon Stylite sur sa colonne, dans un paysage montueux, H. 3 p. 4 l.; L. 5 p.

   225 Epr. pap. ord.

M. DELORME.

105 Le duc de Bordeaux enfant étendu sur des lis. H. 5 p.; L. 6 p. 6 l.

   400 Epr. pap. ord.

M. FRAGONARD.

106 La Religion. H. 3 p.; L. 3 p.

   400 Epr. pap. ord.

M. FRAGONARD.

107 Trois sujets : Apothéose de Louis XVI. — L'Adoration du Nom de Jésus. — Saint Paul recouvrant la vue. Chaque sujet : H. 4 p.; L. 3 p. 6 l.

150 Epr.

108 Les Trois Mages traversant le désert. H. 3 p. 4 l.; L. 4 p. 6 l.

150 Epr.

M. LETTU.

109 Un saint Hermite au pied de la Croix. H. 5 p.; L. 6 p.

500 Epr.

M. MOITTE.

110 Célébration d'un Baptême sous le péristyle d'un temple antique. H. 6 p.; L. 5 p. 6 l.

600 Epr.

M. MURET.

111 Procession de la Châsse de sainte Geneviève au pied du Calvaire. H. 5 p.; L. 7 p.

100 Epr.

M. PERNOT.

112 Colonne de saint Sébastien. H. 3 p.; L. 3 p. 9 l.

600 Epr.

113 Deux sujets : Vue des Environs de l'Église de Sainte-Gudule, près Bruxelles. — Tombeau de saint Rémond de Francfort. Chaque sujet : H. 3 p.; L. 3 p. 6 l.

750 Épr.

114 Deux sujets : Hermitage de Saint-Paul. — Hermitage de Saint-Arcadius, au bord de la mer.

Chaque sujet : H. 3 p. 6 l.; L. 4 p. 3 l.

450 Épr.

M. PERNOT.

115 Deux sujets : Hermitage de Saint-Tite. — Vue de
l'Église de Saint-Wast d'Arras. Chaque sujet : H. 3 p.;
L. 3 p. 9 l.

550 Épr.

116 Vue de l'Abbaye de Châlis. H. 3 p.; L. 5 p. 4 l.

200 Épr.

117 Divers Attributs du culte catholique, au pied d'un
calvaire. H. 4 p.; L. 4 p. 6 l.

550 Épr.

118 Deux sujets : Attributs de l'Épiscopat, groupés au
bas d'une colonne en ruine. — L'Hermitage. Chaque
sujet : H. 3 p. 9 l.; L. 4 p. 6 l.

625 Épr.

119 Deux sujets : divers Attributs de la Religion, près
d'un tombeau gothique à la gloire de sainte Mathilde.
— Paysage des environs de la Suisse. Chaque sujet :
H. 3 p. 6 l.; L. 4 p.

625 Épr.

120 Le Soleil levant, Allégorie sur la naissance du Duc
de Bordeaux. H. 2 p. 6 l.; L. 3 p.

625 Épr.

121 Deux sujets : Attributs de la Religion. Chaque sujet :
H. 2 p.; L. 3 p.

425 Épr.

M. KARL POULLET.

122 Saint Antoine en Égypte. H. 3 p. 6 l.; L. 5 p. 9 l.

270 Épr.

123 Saint Hilaire prêchant. H. 3 p. 6 l.; L. 5 p.

270 Épr.

M. KARL POULLET.

124 Deux sujets : Monastère dans un paysage agreste.
— Paysage montueux, au milieu duquel un Cénobite
est en prière.

Chaque sujet : H. 2 p. 8 l.; L. 4 p.

270 Épr.

125 Trophées et Emblêmes religieux. Quatre sujets de 2 à
3 p. carrés.

540 Épr.

M. ROEHN.

126 Tombeau dans un édifice souterrain. H. 2 p. 4 l.;
L. 3 p.

625 Épr.

127 Deux sujets : Attributs de la Religion, groupés près
d'un Tombeau. H. 3 p. 6 l.; L. 4 p. 6 l. — Tombeau
sur lequel sont placés un vase, une lampe et un
livre. H. 2 p. 4 l.; L. 3 p. 5 l.

625 Épr.

128 Deux sujets : Entrée d'une forêt ; sur la droite on remarque une chaumière. — Un Pâtre gardant son
troupeau à l'entrée d'une forêt. Chaque sujet : H. 2 p.
6 l.; L. 4 p.

625 Épr.

129 Hermite faisant sa prière au bas d'une montagne sur
laquelle on aperçoit une croix. H. 3 p. 7 l.;
L. 4 p.

625 Épr.

M. VAN MARCKE.

130 Caravane dans le désert. H. 3 p. 6 l.; L. 5 p.

425 Épr. pap. ordin

131 Vue de l'église de Saint-Laurent, à Venise. H. 3 p.
6 l.; L. 5 p. 4 l.

625 Épr. pap. ordin.

VIGNETTES *in*-4.°, *gravées*.

132 Quatre mille Figures environ, représentant des Statues, Meubles, Peintures, et autres Antiquités dé-
couvertes à Herculanum.

Il en sera formé plusieurs lots.

133 Un grand nombre de Figures en couleur, extraites
des Antiquités étrusques, et représentant des Vases
et les Peintures dont ils sont ornés.

Il en sera formé plusieurs lots.

134 Cinq mille Pièces environ, représentant des Tableaux,
Statues, Meubles, Bronzes, Camées, et autres objets antiques faisant partie du Musée de Florence.

Il en sera formé plusieurs lots.

135 Un grand nombre de Figures représentant les princi-
paux traits de l'Histoire de France et de l'Histoire
d'Angleterre.

Elles seront divisées.

36 Collection de 46 fig. pour *l'Orlando furioso*, gravées
par Ponce, d'après Cochin ; grand in-4.° anciennes
épreuves.

13 Exemplaires.

137 Quatre sujets dessinés par Prudhon et gravés par lui-
même, par Beisson et par Copia, pour les œuvres
de Bernard, gr. in-4°. Le 1.er sujet a pour titre :
Choisir l'objet ; le 2.° : *l'enflammer* ; le 3.° : *en
jouir* ; le 4.°. dessiné et gravé par Prudhon lui-
même, représente *Phrosine et Mélidor*.

100 Exempl., fig. avec la lettre.

Il en sera formé plusieurs lots.

138 *Les mêmes*, avant la lettre, 25 exempl.

OUVRAGES DIVERS, avec texte.

139 Voyage pittoresque de Naples et de Sicile, par Saint-Nom ; tomes 3, 4 et 5 (anciennes épr.).

140 Voyage pittoresque aux îles de Sicile, de Malthe et de Lipari, par Houël.

264 Fig. au bistre. (Complet, anc. épr.)

141 Voyage pittoresque en Syrie, Phénicie, Haute et Basse-Égypte, par Cassas.

Un grand nombre de figures avant et avec la lettre, dont il sera formé plusieurs lots.

142 Antiquités de Nismes, par Clérisseau ; édit. publiée par Legrand. 2 vol. in-fol. máx. fig.

143 Suite de 57 fig. pour les Œuvres de Racine, d'après MM. Gérard, Girodet et autres, par Girardet, etc.

144 Ménagerie du Muséum d'Histoire naturelle, collection de 40 fig. gravées par Miger, d'après Maréchal.

20 Exemplaires.

Il en sera formé plusieurs lots.

Un grand nombre de fig. du même ouvrage, coloriées, seront divisées en plusieurs lots.

145 Bataille d'Austerlitz, dessinée et gravée par Ch. Muller ; pièce de 22 p. de haut sur 27 de large.

150 Épr. avec la lettre, 10 épr. avant.

146 Cérémonies et Fêtes du Couronnement de Napoléon ;

7 planches dessinées et gravées par Lecœur, avec texte historique, in-fol. max.

50 Exemplaires.

147 Le Portefeuille des Enfans, mélange intéressant de Costumes, Animaux, etc. ; par MM. Ant.-Nic. Duchesne et Aug.-Sav. Le Blond.

Un vol. in-4.°, texte et planches.

12 exempl.

PLANCHES GRAVÉES.

148 Portrait de Jules Mascaron, gravé par Edelinck, d'après Van Schuppen. — Portrait de Dom Augustin Calmet, gravé par Pitau, d'après Fontaine.

2 Cuivres in-4.° et in-8°.

149 La Religion, planche allégorique, d'après De Sève, par Ingouf.

1 Cuivre in-4°.

150 Vignettes in-8.° et in-12; divers sujets.

13 Cuivres.

151 Vignettes; sujets de marines et autres.

5 Cuivres in-4°.

152 Sujets divers de la Bible, gravés par Haussard, Simonneau et autres, d'après Martin.

16 Cuivres in-fol.

153 Sujets divers de la Bible, gravés par Baquoy, Scotin, Duflos, Tardieu et autres, d'après Séb. Leclerc, Delamonce, Cotelle, Tardieu, etc.

50 Cuivres in-4°.

154 Figures de la Flore américaine de M. Michaut, gravées par Plée, d'après les dessins de M. Redouté.

51 Pl. gr. in-8°.

155 Trois Vignettes et seize Culs-de-Lampe; sujets les plus gracieux des Œuvres de Dorat, gravés par Daullé, De Launay, Fessard, de Ghendt, Née, Ponce, Masquelier, Leveau, Simonet, etc, d'apr. Coypel, Marillier et Lebarbier.

Ensemble, 19 Cuivres, format gr. in-8°.

156 Onze Sujets gravés à l'eau-forte d'après les gravures de Rembrandt, par M. de Claussin, savoir :

> Portrait de Rembrandt, aux trois moustaches. B. n.° 2.
>
> Joseph et la Femme de Putiphar. B. n.° 39.
>
> Jésus-Christ au Jardin des Oliviers. B. n.° 75.
>
> Saint Jérôme. B. n.° 101.
>
> Petite Figure polonaise. B. n.° 142.
>
> Vieille Mendiante. B. n.° 170.
>
> L'Homme qui pisse. B. n.° 190.
>
> La Chaumière entourée de planches. B. n.° 232.
>
> Portrait de Manassé Ben-Israël. B. n.° 269.
>
> Vieillard à grande barbe blanche. B. n.° 309.
>
> Tête de la Mère de Rembrandt. B. n.° 354.
>
> Tête d'Étude de la Femme de Rembrandt. B. n.° 367.

N. B. Ces Sujets n'ont jamais été publiés; exécutés à Londres en 1813, d'après des Pièces rares du Cabinet du Ch.er G. Hibbet, ils devaient servir à l'ornement d'une édition projetée du Catalogue raisonné de l'OEuvre de Rembrandt.

157 Les Articles omis seront divisés sous ce n°.

De l'Imprimerie d'Adr. Moessard, rue de Furstemberg, n.° 8.

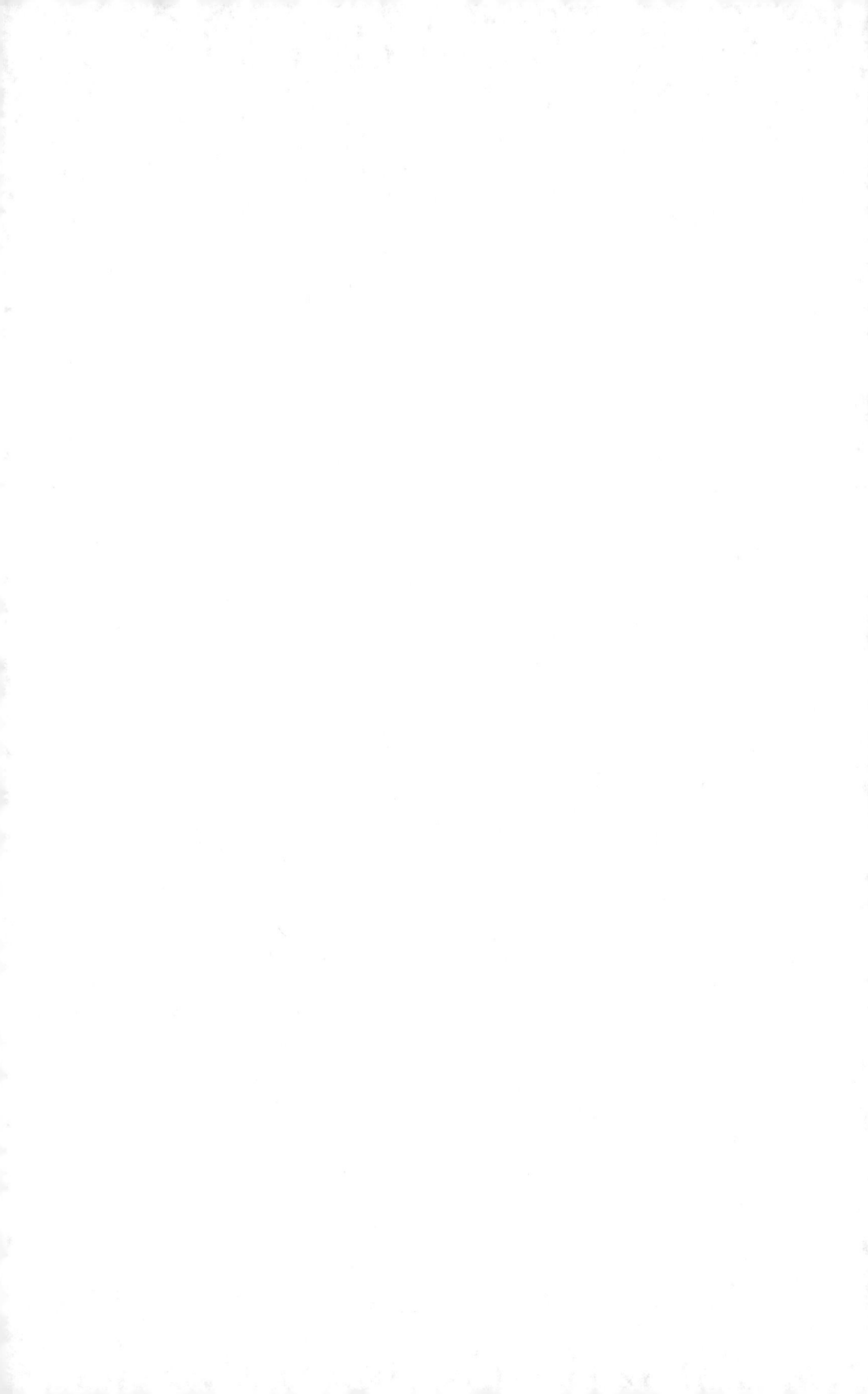

www.ingramcontent.com/pod-product-compliance
Lightning Source LLC
Chambersburg PA
CBHW030130230526
45469CB00005B/1886